AF215021

Renate Sültz & Uwe H. Sültz

Notizbuch für Audi Fahrer

BoD - Books on Demand

Norderstedt 2017

Bibliografische Information durch die Deutsche
Nationalbibliothek

Die Deutsche Nationalbibliothek verzeichnet diese
Publikation in der Deutschen Nationalbibliografie;
detaillierte bibliografische Daten sind im Internet über
http://dnb.dnb.de abrufbar.

© 2017 Renate Sültz & Uwe H. Sültz

Herstellung und Verlag:

BoD – Books on Demand, Norderstedt

ISBN 9-78374-4-80156-0

Ein kleines Notizbuch für AUDI Fahrer.

Hier lassen sich alle wichtigen Dinge eintragen, die für den Fahrer von Bedeutung sind. Die letzte Tankfüllung beim Oldtimer. Wann mache ich den Oldtimer winterfest? Wo ist das nächste Club-Treffen? Wie hoch war der Verbrauch? Wie waren noch die Telefonnummern meiner Audi-Freunde? Für diese und ähnliche Fragen haben Sie hier auf über 80 Seiten Platz für Antworten.

Wir wünschen allzeit eine unfallfreie Fahrt! Kommen Sie heil und gesund an Ihr Ziel und wieder nach Hause!

MIX
Papier aus verantwortungsvollen Quellen
Paper from responsible sources
FSC® C105338

FSC
www.fsc.org